Las colas de los animales

por Mary Holland

Algunos animales tienen cola y otros no. ¿Tú tienes cola? Ya no, ¡pero antes de que nacieras tenías una!

Las colas vienen en todo tipo de formas, colores y tamaños. Ellas ayudan a los animales a hacer muchas cosas: moverse sobre la tierra, nadar, alertar a los demás, guiarse, sostenerse, mantenerse calientes, balancearse, volar, atraer a su pareja y para defenderse.

Existen animales que inician sus vidas con una cola, pero la pierden al crecer. Este es el caso de la mayoría de ranas y sapos. Ellos ponen sus huevos en el agua. Cuando los huevos se rompen, los renacuajos de la rana y del sapo tienen colas.

¿Qué crees tú que sus colas les ayudan a hacer?

Antes de que un renacuajo salga del agua para vivir en la tierra, le crecen cuatro patas. Su cola es absorbida por su cuerpo y eventualmente, desaparece.

Algunos animales utilizan sus colas para mandar señales a otros animales de su misma especie. Algunas veces, la señal significa "¡peligro-corre!"

Los venados de colas blancas tienen colas que son color café en la punta y blancas en la parte inferior. Cuando un venado presiente el peligro, éste levanta su cola de tal manera que el pelo blanco inferior se le ve. El venado menea su cola como si fuera una bandera mientras huye, alertando a los demás venados del peligro.

Un castor utiliza su cola para alertar a los otros castores del peligro. Azota su cola sobre el agua, lo que produce un fuerte sonido que indica a los castores que deben nadar hacia un lugar seguro. Un castor también utiliza su cola para otras cosas: para almacenar grasa, para remover mientras está nadando y como un soporte cuando se levanta sobre sus patas para cortar un árbol.

¿Alguna vez has olido el rocío de un zorrilo rayado? Este huele muy mal. Rocíar es una forma que tiene el zorrillo para defenderse, pero éste no rociará a menos que tema por su vida. Si un enemigo (depredador) se acerca, la primera cosa que el zorrillo rayado hará será estampar sus patas frontales sobre la tierra. Esto le indica al depredador que no debe acercarse. Si el depredador continúa acercándose, el zorrillo levanta la cola, que es la señal que indica que está a punto de rociar. Si esto no detiene al depredador, el zorillo se voltea de espaldas para que su parte trasera apunte hacia el depredador que se aproxima.

Entonces, el zorrillo rocía un líquido aceitoso que no sólo provoca que el depredador huela mal por varios días, sino que también irritará sus ojos permitiendo al zorrillo escapar.

Algunos animales como la zarigüeya de Virginia, tienen una cola que puede sujetarse a las cosas (enroscable). Las zarigüeyas utilizan sus colas como una quinta pata. Cuando una zarigüeya trepa a un árbol, se sostiene a éste del tronco y ramas con su cola así como con sus patas. También, con su cola, acarrea hojas y otros materiales para sus nidos.

Si una cola es lo
suficientemente larga
y espesa, ésta puede
ser utilizada como
un cobertor para
mantener caliente
a un animal cuando
está muy frío ahí
afuera. Durante el
invierno, los zorros y
los coyotes duermen
a la intemperie,
donde puede estar
muy frío y con mucho
viento. Cuando ellos
se van a dormir,
se acurrucan y se
envuelven alrededor
con sus colas,
sumiendo sus narices
por debajo de ellas.

La cola de un ave es como el timón de un barco. Le ayuda al ave a dirigir su curso cuando esta volando. Sin colas, a muchas aves les sería difícil tomar el vuelo, girar, aterrizar y pararse sobre las ramas. Las colas les ayudan a reducir la velocidad así como a cambiar de dirección cuando están volando. Mantienen a las aves equilibradas cuando están paradas sobre las ramas. Las colas les ayudan a captar el viento, lo que las eleva alto en el cielo. Incluso, las aves extienden sus colas y las exhiben para atraer a su pareja.

El águila calva es capáz de cargar una rama grande a su nido porque puede volar, y puede volar en la dirección que quiera porque tiene una cola.

Las aves no son los únicos animales que utilizan sus colas para maniobrar.

Las musarañas y los castores utilizan sus colas como timones en el agua. La cola de una musaraña es delgada y está cubierta con escamas. La cola se mueve de atrás para adelante y de lado a lado mientras la musaraña nada de manera que, les da propulsión y dirección.

Algunas aves, incluyendo a los pájaros carpinteros, tienen colas muy rígidas. Ellos utillizan sus colas para sujetarse de las ramas y los troncos de los árboles mientras están ahí parados. Debido a que su cola les da soporte, los pájaros carpinteros no se tambalean demasiado cuando están taladrando un árbol en busca de insectos o haciendo un hoyo para su nido (cavidad).

Las colas son utilizadas por muchos animales para protegerse. Un puerco espín tiene espinas afiladas sobre su cola y en la mayor parte de su cuerpo. Estas espinas de la cola son más cortas y más delgadas que la mayoría de las espinas del puercoespín, y desaparecerán pronto dentro de otro animal si es que éste tiene contacto con ellas.

Los puercopespín no pueden disparar sus espinas. Muy a menudo, cuando son acorralados, un puercoespín apunta su cola hacia su enemigo. Si su cola toca al animal atacante, algunas de las espinas se desprenderán y quedarán sujetas al cuerpo del enemigo - una experiencia muy dolorosa.

Algunos insectos tienen estructuras tipo colas en la punta de su abdomen. Las abejas hembra y las avispas tienen aguijones, las tijerillas tienen pinzas y las hembras grillo tienen conductos para desovar (ovipositores).

El afilado aguijón de una abeja obrera hembra está cubierto con diminutas púas en forma de garfios. Si la abeja pica a alguien, la abeja morirá. Ella no utiliza su aguijón a menos que esté muy asustada. La abeja reina también tiene un aguijón, pero el suyo es suave así que, ella puede picar más de una vez. Ella lo utiliza principalmente para poner huevos.

Un insecto llamado escarabajo tortuga utiliza su cola
que parece una extremidad para protegerse de los
depredadores durante su crecimiento. El joven escarabajo
tortuga coloca en su cola con forma de espinas (bifurcación
anal) al final de su cuerpo, sus pieles viejas que mudó junto
con su escremento. Entonces, sostiene las espinas sobre su
espalda. Esto se ve como una sombrilla y protege al joven
escarabajo de los depredadores que les gustaría comérselo.

escarabajo tortuga adulto

Para las mentes creativas

La sección educativa "Para las mentes creativas" puede ser fotocopiada o impresa de nuestra página del Web por el propietario de este libro para usos educacionales o no comerciales. Actividades educativas, pruebas interactivas, e información adicional están disponibles en línea. Visita **www.ArbordalePublishing.com** para explorar recursos adicionales.

Cómo utilizan sus colas los animales

1 castor

2 tijerilla

3 grillo de campo

4 coyote

5 ratonero de cola roja

Ⓐ Mi cola me ayuda a volar. Mis cortas y anchas plumas atrapan el viento y me permiten controlar el vuelo mientras me elevo a través del cielo.

Ⓑ Mi cola es para protegerme a mí mismo. Tengo pinzas en mi cola para protegerme de los depredadores. Algunas veces, utilizo estas pinzas para atraer a una pareja o para pelear por comida con algún animal parecido a mí.

Ⓒ Yo utilizo mi cola para mantenerme caliente durante la noche. Cuando el clima se pone frío, me acurruco y duermo con mi naríz sumergida en mi cola. La suave y esponjosa piel me ayuda a mantenerme caliente incluso, en el clima nevado.

Ⓓ Yo utilizo mi cola para poner huevos. Tengo una cola larga cilíndrica llamada "ovipositor." Esta me ayuda a poner mis huevos dentro de los tallos de las plantas o en la tierra.

Ⓔ *Zas.* Mi cola golpea contra el agua con un sonido estruendoso. Los otros animales como yo, escuchan el sonido y saben que una amenaza está cerca. Se sumergen para cubrirse. Cuando nado, utilizo mi cola para poder dirigirme.

Respuestas: 1-E, 2-B, 3-D, 4-C, 5-A

Une la cola

Une a cada animal con su cola. Las respuestas se encuentran al final de la página.

ánade real

tortuga pintada

ardilla voladora

topo de cola peluda

marmota canadiense

marta pescadora

Answers: 1-marmota canadiense. 2-ánade real, 3-marta pescadora, 4-ardilla voladora, 5-topo de cola peluda, 6-tortuga pintada.

Adaptaciones de las colas

Las adaptaciones ayudan a los animales a vivir en sus hábitats y para obtener comida y agua, para protegerse de sus depredadores, para sobrevivir al clima e incluso, para ayudarles a hacer sus casas. Las adaptaciones pueden ser físicas o de comportamiento.

Todas las partes del cuerpo o recubrimientos del cuerpo y camuflaje son adaptaciones físicas. Los oídos de un murciélago están adaptados de tal manera para que este pueda escuchar los ecos para "ver" sus alrededores durante la noche. La piel abultada de color café en un sapo le ayuda a camuflar con la tierra y las hojas.

Instintos y hábitos aprendidos de otros animales son adaptaciones de comportamiento. Algunos animales hibernan durante el invierno para conservar energía mientras que otros animales emigran a locaciones más cálidas donde puedan encontrar comida. Una zarigüeya se desmaya y aparenta estar muerta para que sus depredadores no se la coman.

¿Qué tipo de ejemplo físico o de comportamiento son las colas de los animales?

Aunque son llamadas ardillas voladoras, estos pequeños roedores no vuelan, o se impulsan en el aire. En vez de eso, planean desde un punto sobre un árbol hacia otro punto más bajo en otro árbol o en el suelo. Las ardillas voladoras trepan corriendo a un árbol, saltan en el aire y extienden sus patas, utilizando la solapa de piel (patagio) que se extiende desde sus patas frontales hasta sus patas traseras como si fuera un paracaídas. Mientras planean hacia abajo, utilizan sus colas para evitar tambalearse y como un freno para reducir la velocidad antes de alcanzar su punto de aterrizaje. Las ardillas voladoras pueden planear hasta más de 150 pies de un sólo salto.

La mayoría de las salamandras tienen colas que pueden perder al ser atacadas

por un depredador. Cuando un depredador atrapa a una salamandra por la cola, ésta se separa de la salamandra, permitiéndole escapar. La cola de la salamandra crece de nuevo en unos cuantos meses. Algunas veces, la cola que ha sido separada de la salamandra continuará meneándose, engañando al depredador para que vea la cola en vez de ir tras de la salamandra.

Las salamandras que viven en el agua mueven sus colas de lado a lado, impulsandóse a través del agua. Algunas salamandras viven en la tierra, trepan a los árboles y pueden agarrar la corteza con sus colas. Aún así, otras salamandras utilizan sus colas cuando atraen a una pareja o para almacenar comida.

Las luciérnagas, también llamadas insectos de luz, no tienen una cola verdadera. Lo que tienen es una punta especial al final de su abdomen que ellas pueden hacer brillar. Cuando queremos decir "hola" a alguien que no está junto a nosotros, movemos el brazo para saludarlos. Cuando una luciérnaga quiere decir "hola" a otra luciérnaga, hace brillar la punta de su cuerpo, tipo cola. Existen muchas clases (especies) de luciérnagas, y la mayoría están activas durante la noche cuando no se pueden ver muy bien entre ellas. Una luciérnaga puede iluminar la punta de su cuerpo y encenderla y apagarla como una luz de destellos para mandar señales a otra luciérnaga. Cada especie de luciérnaga tiene un patrón particular de destellos que ellas utilizan así pues, aún en la obscuridad, las luciérnagas pueden saber si han encontrado a otra luciérnaga de su misma clase. Machos y hembras de la misma clase de luciérnagas se mandan destellos unas a otras si es que quieren concocerse mejor.

Algunos murciélagos no tienen colas. Pero la mayoría sí. En algunas especies, la cola se expande sobre la piel (membrana) que conecta sus muslos y esto se ve como algo parecido a la cola de un ratón.Algunas veces, estos murciélagos utilizan sus colas para sentir su camino mientras regresan a su grieta. En otras especies, la cola corre justo al borde de la membrana. Ya sea que la cola del murciélago sea corta o larga, el murciélago la utiliza para despegar en el aire, para volar, para cambiar de dirección mientras están volando, y para arrastrar presas hacia su boca.

La cola de una nutria de río de Norte América mide aproximadamente, un tercio del largo de su cuerpo. Es muy larga, muy ancha y musculosa. Una nutria utiliza su cola para ayudarse a nadar más rápido a través del agua. También, utiliza su cola para maniobrar cuando nadan despacio y para apoyarse cuando se levantan sobre sus patas traseras.

Todas estas son adaptaciones físicas.

Con agradecimiento al personal de educación del Walking Mountains Science Center (Avon, CO) por verificar la información de este libro.

Los animales en el libro incluyen: ardilla roja (portada), tortuga mordedora, (página del título), serpiente jarretera común), sapo-rana verde, venado de cola blanca, castor, zorrillo rayado, zarigüeya de Virginia, zorro rojo, águila calva, musaraña, pájaro carpintero aterciopelado, puercoespín, abeja y escarabajo tortuga.

Bibliografía:

Holland, Mary, and Chiho Kaneko. Naturally curious: a photographic field guide and month-by-month journey through the fields, woods, and marshes of New England. North Pomfret, VT: Trafalgar Square, 2010. Print.

Título original en Inglés: Animal Tails
Traducido por Rosalyna Toth en colaboración con Federico Kaiser.

Library of Congress Cataloging-in-Publication Data

Names: Holland, Mary, 1946- author. | Toth, Rosalyna, translator. | Kaiser, Federico, translator.
Title: Las colas de los animales / por Mary Holland ; traducido por Rosalyna Toth en colaboracibon con Federico Kaiser.
Other titles: Animal tails. Spanish
Description: Mt. Pleasant, SC : Arbordale Publishing, 2017. | Audience: K to grade 3. | Includes bibliographical references.
Identifiers: LCCN 2017034042| ISBN 9781628559781 (spanish pbk.) | ISBN 9781628559767 (english hardcover) | ISBN 9781628559774 (english pbk.) | ISBN 9781628559811 (english interactive dual-language ebook)
Subjects: LCSH: Tail--Juvenile literature. | Animal defenses--Juvenile literature.
Classification: LCC QL950.6 .H6518 2017 | DDC 591.47--dc23 LC record available at https://lccn.loc.gov/2017034042

Elaborado en los EE.UU.
Este producto se ajusta al CPSIA 2008

Arbordale Publishing
Mt. Pleasant, SC 29464
www.ArbordalePublishing.com